DAS GEHEIMNIS IM ALTEN SCHRANK

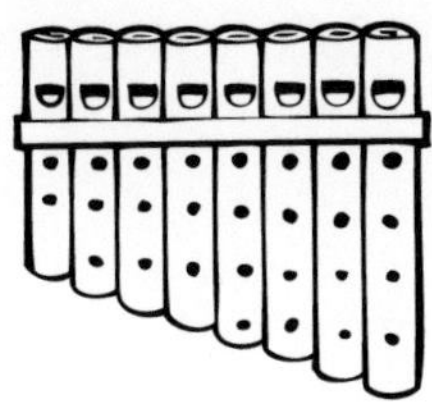

FÜR RUTH UND HELENA

Hans J. Breinlinger

DAS GEHEIMNIS IM ALTEN SCHRANK

Diese Geschichte ist eine märchenhafte
Erzählung für Kinder und solche, die in ihrem
Geist und ihrer Fantasie jung geblieben sind.

Bibliografische Information der Deutschen Nationalbibliothek
Die Deutsche Nationalbibliothek verzeichnet diese Publikation in
der Deutschen Nationalbibliografie; detaillierte bibliografische Daten
sind im Internet über http://dnb.d-nb.de abrufbar.

Verlag: BoD · Books on Demand GmbH,
In de Tarpen 42, 22848 Norderstedt, bod@bod.de
Druck: Libri Plureos GmbH, Friedensallee 273, 22763 Hamburg

ISBN: 978-3-7693-1586-8

INHALTSVERZEICHNIS

03.08.2015

DAS GEBURTSTAGSGESCHENK

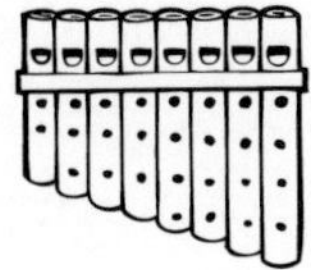

Was sich Elias schon lange wünschte und womit er seiner Oma in den Ohren lag, das erfüllte sich an seinem Geburtstag. Neben der Sahnetorte und einem Fußball lag eine Panflöte, die sie ihm schenkte. Er freute sich nicht nur, sondern bedankte sich auch bei ihr, die bestimmt einen Tipp von seiner Schwester bekam. Gleich nach der Geburtstagsfeier probierte er darauf zu spielen, aber es wollte ihm nicht recht gelingen. Erst als er einige Tage geübt hatte, konnte er eine Melodie spielen, die ihm fehlerfrei gelang. Seine beiden Schwestern Anne und Monika hörten ihm geduldig zu, aber nach einiger Zeit gaben sie ihm zu verstehen, dass sie davon genug hatten. Wenn die jungen Damen jedoch glaubten, ihn damit beleidigt zu haben, dann hatten sie sich geirrt. Denn Elias steckte seine Flöte in die Schultasche und ging damit zur alten Scheune, wo er hoffte, ungestört weiterspielen zu können.

Am brüchigen Holzfenster, das mit dem Kot der Vögel und viel Staub beschmutzt war, stand die Werkbank seines Großvaters mit einem Stuhl und Elias setzte sich, um seine Hausaufgabe zu machen. Als er damit fertig war, nahm er seine Panflöte und begann darauf zu spielen. In einer düsteren Ecke stand ein alter Schrank, mit Spinnweben bedeckt, verstaubt, abgeschlossen und für immer vergessen. Elias wollte schon immer gerne wissen, was darin aufbewahrt wurde oder welches Geheimnis es dort gab, doch als er seine Oma nach dem Schlüssel fragte, versuchte sie ihn damit zu beschwichtigen, es seien nur alte, wertlose Klamotten darin. Damit hatte sie aber nur das Gegenteil erreicht, denn Elias interessierte sich noch mehr für den alten Schrank.

In der Scheune konnte man bis zu den Dachbalken sehen und es war sehr still, aber wenn Elias seine Schularbeiten machte, glaubte er manchmal im Schrank seltsame Geräusche zu hören. Am liebsten hätte er ihn gleich aufgemacht, doch das war leider unter den gegebenen Umständen nicht möglich.

DER SCHLÜSSEL ZUM ALTEN SCHRANK

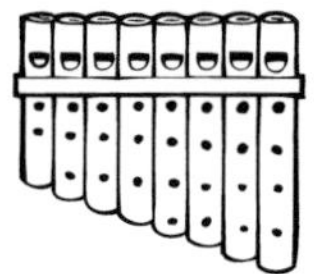

Eines Morgens war Elias mit seinen Schwestern allein zu Hause und ging ins Zimmer seiner Oma, wo er im Wäschekorb seine Strümpfe suchen wollte. Nachdem Elias im Korb vergeblich danach geschaut hatte, entdeckte er auf der Kommode einen alten verrosteten Schlüssel, den er noch nie gesehen hatte. Wozu brauchte man ihn und warum wurde er versteckt? Seine Oma hatte ihn vielleicht vergessen in die Schublade zu legen, jedoch könnte er zum alten Schrank in der Scheune passen. Wenn Elias auch ein ungutes Gefühl bekam, nahm er dennoch den Schlüssel vom Vertigo und steckte ihn in seine Tasche. Danach ging er pfeifend, an den Mädchen vorbei aus dem Zimmer, mit beiden Händen in den Hosentaschen. Er tat so, als wäre nichts Besonderes und verließ das Haus durch die schwere Eichenholztür im Eingang, danach ging Elias über die Steintreppe und den Hof zur Scheune. Auf der Werkbank schaute sich

Elias den Schlüssel noch einmal an, denn er zweifelte und zögerte noch ein wenig, aber dann entschied er sich, ihn am alten Schrank auszuprobieren. Wie er vermutet hatte, passte er sofort und die Tür ließ sich erstaunlich leicht öffnen.

Ein merkwürdiger Geruch nach Holz, alten Kleidern und Mottenkugeln strömte ihm entgegen; er hörte leise Orgelmusik wie an Sonntagen in der Kirche, die jedoch viel zu weit weg war. Woher kamen aber diese Klänge?

An einer Kleiderstange hingen verstaubte Marionetten mit Spinnweben, wie seltsame Gestalten aus der Vergangenheit. Elias freute sich über seine Entdeckung, und fragte sich, warum hat mir das meine Oma nie gesagt? Dennoch bekam er jetzt ein schlechtes Gewissen, weshalb er die Schranktür schnell wieder zumachte. Jedoch ohne abzuschließen, schob er den alten Schlüssel in seine Hosentasche, damit wollte er sich den Zugang sichern.

Nachdem er einen Blick durchs Fenster geworfen hatte, um sicher zu sein, dass ihn niemand beobachtete, verließ er pfeifend die Scheune. Als wäre nichts geschehen, ging er über den Hof ins Haus zurück. Im Zimmer seiner Oma legte Elias den Schlüssel wieder an seinen Platz, denn sie durfte ja nichts von seinem Frevel bemerken.

Wie so vieles und auch Verwerfliches, was man nach einiger Zeit schon wieder vergessen hatte, ging Elias wieder am nächsten Tag zur Scheune, wo er an der Werkbank seine Schulaufgabe machte. Danach spielte er auf der Panflöte und betrachtete den alten Schrank. Elias erinnerte sich daran, was er darin gesehen hatte. Noch zweifelte er, denn was würde seine Großmutter sagen, wenn sie wüsste, dass er den Schrank geöffnet hatte. Doch warum sollte er die schönen Marionetten nicht sehen dürfen? Oder hatte er sich vielleicht geirrt, und es gab sie gar nicht?

Er schaute vorsichtshalber durchs Fenster, um sicher zu sein, dass niemand zur Scheune kam, erst dann ging er zum alten Schrank und öffnete behutsam die Tür. Die Gliederpuppen überraschten ihn heute noch mehr, denn sie hingen immer noch am gleichen Platz an der Kleiderstange.

Der König und die Prinzessin trugen prächtige Kleider und der Räuber hatte alte Klamotten an. Die Puppen sahen aus, als stammten sie aus einer längst vergangenen Zeit, in der noch Perücken, Kniebundhosen und Gehröcke die Mode beherrschten. Der Räuber trug sogar einen zerbeulten Zylinder auf dem Kopf. Er hatte ein unrasiertes Gesicht mit schwarzen Augenbrauen und einen grauen Schnauzbart unter der Nase. An seiner geflickten Jacke und alten Hosen gab es Fransen, wie sie zu einem echten Räuber passten.

Die alten Marionetten hatten vermutlich seinem Großvater gehörten, der längst nicht mehr lebte, aber warum wollte seine Großmutter sie ihm nicht zeigen? Elias erinnerte sich noch an ihn, der so viele interessante Geschichten erzählte. Natürlich wusste er, dass es sich dabei nur um Puppen handelte, die an Fäden gelenkt wurden. Dennoch hatte ihm der alte Schrank sein Geheimnis gezeigt, womit er ein kostbares Erbe seines Großvaters besaß, das vor fremden Leuten geschützt werden musste. War dies vielleicht auch die Absicht seiner Großmutter?

Er bewunderte nicht nur diese seltsamen Puppen, sondern interessierte sich auch für die Geschichten, die sie einst vor einem großen Publikum spielten.

Auf den grauen Haaren des Königs war eine goldene Krone und in der Hand trug er ein Zepter. Das Gesicht seiner Majestät, mit dem grau-weißen Bart, zeigte auch zuweilen ein gütiges Minenspiel. Sein roter Seidenmantel war mit feinen Mustern bestickt, und zu den Kniebundhosen trug er vergoldete Schuhe.

Die Prinzessin sah aus wie seine beste Schulfreundin Lizzy, nur ihre Kleider schienen aus einer längst vergangenen Zeit zu sein. Dennoch gefiel sie ihm mit ihren blonden Haaren und blauen Augen so sehr, dass er sie am liebsten umarmt hätte, wenn sie auch nur eine leblose Puppe war.

DiE MARioNETTEN WERDEN LEBENDiG

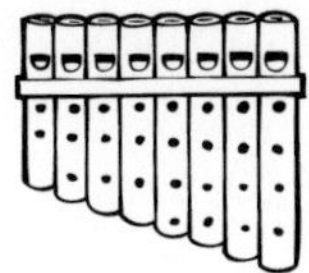

Indessen Elias noch die Prinzessin bewunderte, hob der König plötzlich seine Hand zur Nase, um laut zu niesen, wonach er ein Taschentuch benutzte.

Der Bart des Königs zitterte ein wenig, als er Elias mit einer tiefen Bassstimme fragte: »Hast du auch einen Namen junger Mann?«

Das überraschte ihn so sehr, dass er nicht wusste, was er tun sollte. Elias hielt sich selbst für sehr mutig und war so leicht nicht einzuschüchtern. Die Stimme des Königs brachte ihn aus der Fassung, denn er glaubte nicht recht zu hören und zögerte noch mit seiner Antwort.

Doch als der König ihn mit strengem Blick anschaute, stotterte und flüsterte er: »Ich ...Ich bin ... bin Elias!

»Du hast aber einen komischen Namen, mein Pony heißt auch so!«, sagte darauf die kleine Prinzessin etwas schnippisch, wobei sie ironisch lächelte.

Das verschlug nun Elias fast die Sprache, denn er wagte

kaum noch etwas zu sagen. Dann beobachtete er mit Erstaunen, wie der König mit der Hand auf sich selbst zeigte, indem er brummte: »Mich nennt man König Weißdorn!«

Darauf bewegte auch der Räuber seine Hand zum Zylinder, den er anhob und verkündete: »Zu mir sagt man John der Schreckliche«, und dazu lachte er auch noch dröhnend laut.

Danach drehte sich der König zur Rückwand und schob mit der Hand ein Tor zur Seite, wonach man dahinter einen beleuchteten Salon erkennen konnte.

Elias hatte die Scheune schon von oben bis unten erkundet, aber hinter dem Schrank war ihm noch nie etwas Besonderes aufgefallen. Vielleicht spielte ihm der alte Markgraf eine Geisterstunde vor? Die Scheune lag an einer alten Burgmauer, die aus behauenen Granitsteinen einen düsteren Eindruck machte, aber von dieser sagenhaften Welt nichts ahnen ließ.

Unterdessen verneigte sich die Prinzessin vor Elias, »wenn du mein Pony sehen willst, kannst du mich im Königreich besuchen«, sagt sie hochmütig zu ihm, wonach sie durch das Tor verschwand. Während Elias noch die Prinzessin bewunderte und über ihre Worte nachdachte, beachtete er den Räuber nicht, der die Gelegenheit nutzte und ihm blitzschnell die Panflöte wegnahm. Fassungslos schaute Elias zu, wie der Räuber seine wertvolle Flöte in die Jackentasche steckte, und damit lachend durch das Tor in der Schrankwand davonging.

Elias war empört über diese Frechheit, denn seine Panflöte wollte er auf keinen Fall verlieren und schaute den König fragend an.

Nach einer Weile räusperte sich der König, gelassen erklärte er mit seiner tiefen Stimme: »Wenn du die Prinzessin sehen willst und deine Flöte wiederhaben möchtest, musst du mit uns kommen.«

Das kam für Elias so überraschend, dass er darüber zuerst nachdenken musste. Vor dem Unbekannten noch zögernd, fragte er sich, was ihn hinter der Schrankwand noch alles erwarten würde?

Neugierig fragte Elias den König: »Hat die Prinzessin auch noch andere Spielzeuge?« »Das musst du sie selbst fragen«, antwortete er und strich sich dabei den Bart.

Für Elias gab es nichts Aufregenderes, als etwas Unbekanntes zu erforschen, dennoch zweifelte er daran, in den alten Schrank zu gehen. Plötzlich hörte er, wie jemand in weiter Ferne auf einer Panflöte spielte. Es war eine Melodie, die Elias gut kannte und selbst schon auf seinem Instrument gespielt hatte, vielleicht musizierte der Räuber damit. Das ermutigte ihn und er vertraute den Worten des Königs, dem er durch die Öffnung in der Schrankwand folgte. Kaum hatte Elias die Bretterwand hinter sich, stand er in einem großen Raum, der ihn mit seinem ungewöhnlichen Aussehen überraschte.

IM PALAST DES KÖNIGS

Von seiner eigenen Kühnheit noch verunsichert, schaut er sich vorsichtig um. Was er hier vorfand, erinnert ihn an einen Rittersaal, den er mit seiner Mutter in einem alten Schloss besuchen durfte. Es gab nicht nur hohe Fenster mit farbigen Butzenscheiben und Vorhängen aus dunkler Seide, sondern auch viele mit Goldleisten verzierte Türen. In der Mitte des Raumes stand ein ungewöhnlich großer Tisch, um den viele Stühle mit barocken Formen und roten Polstern gestellt waren.

Die grimmigen Gesichtszüge einiger Ahnen, die als Bildergalerie an den getäfelten Holzwänden hingen, amüsierten Elias so sehr, dass er laut lachen musste.

An der stuckverzierten Decke gab es einen Kronleuchter und ein Bild mit pausbackigen Engeln, die ihm etwas komisch erschienen, doch genierte er sich, in Anwesenheit des Königs noch einmal zu lachen.

Inzwischen hatte sich der König auf einen Thronsessel am Tischende gesetzt, wo er majestätisch damit begann, seines Amtes zu walten. Aber als er bemerkte, dass Elias immer noch auf derselben Stelle stand und unsicher um sich blickte, fordert er ihn auf; »du kannst es dir bequem machen am Tisch Elias.«

Als Elias sich vom Staunen erholt hatte und auf einen Stuhl setzen wollte, da verneigt sich dieser vor ihm und begrüßte ihn mit der Stuhllehne. Etwas verblüfft darüber, reichte ihm Elias seine Hand und setzte sich vorsichtig, um einiges skeptischer geworden über so viel Ungewöhnliches.

Der König amüsierte sich darüber, wie ängstlich und unsicher Elias wurde.

»Den Stuhl hat unser Physiker Albert erfunden, er kann es nicht lassen, uns mit Zaubertricks zu beglücken«, sagt er mit seiner für ihn typischen Bassstimme.

DER DIENER LEOPOLD

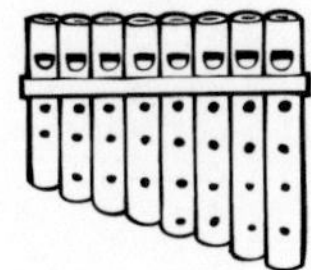

Dann nahm der König eine Glocke vom Tisch, mit der er so laut klingelte, dass sich Elias die Ohren zuhalten musste. Kurz darauf öffnete jemand weit hinten im Saal eine Tür, die wie in einem Geisterschloss quietschte und ein alter Herr im schwarzen Frack mit weißem Kragen und schwarz-glänzenden Schuhen kam herein.

Der ergraute Mann schritt so würdevoll durch den Saal, dass er der königlichen Majestät ähnlich wurde und an seiner Ernsthaftigkeit nicht zweifeln ließ. Er verneigte sich vor dem König sowie vor Elias und blieb abwartend stehen. Nach kurzer Pause deutete König Weißdorn mit einer Hand auf den alten Herrn und sprach: »Darf ich dir meinen Diener Leopold vorstellen?«

Für Elias kam das so unerwartet und er genierte sich, etwas zu sagen, aber er würdigte es mit einem Kopfnicken, wobei er sich dessen bewusstwurde, dass nur ein König es sich erlauben durfte, ihm eine ältere Person vorzustellen.

Wenn auch der Diener Leopold nur eine Marionette war, die man an Fäden lenken konnte, so strahlt er dennoch eine beachtliche Würde aus.

Nun wandte sich seine Majestät Weißdorn an den jungen Gast Elias und fragte ihn: »Du bist willkommen bei uns, wünschst du etwas zu trinken?«

Weil er auf so viel Gastfreundschaft nicht vorbereitet war, zögerte Elias noch, bis er schließlich sagte, »eine Cola, aber bitte eisgekühlt«, was er sonst nicht trinken durfte. Darauf verschwand der Diener mit angemessenen Schritten durch eine der hohen Türen. Doch kurz danach erschien er wieder und hielt in seinen weißen Handschuhen ein Tablett, auf dem sich das gewünschte Getränk befand. Er stellte es vor Elias auf den Tisch und goss die sprudelnde Cola in ein Trinkglas. »Zu ihrem Wohle, junger Mann«, sagte Herr Leopold, indem er höflich lächelte.

Als Elias die Cola probierte, bedankte er sich bei ihm, denn sie schmeckte ihm wie nie zuvor, indessen hörte er die Bassstimme des Königs: »Wenn du noch einen Wunsch hast Elias, sag es nur, mein Diener wird ihn dir erfüllen!« Darauf blätterte er in einem Buch und brummte freundlich über den Tisch; »du hast hier nichts zu befürchten.«

Der Königspalast und die höfliche Bedienung beeindruckten Elias so sehr, dass er einige Zeit nachdenken musste, was er sich noch wünschen könnte. Schließlich erinnerte er sich daran; warum er eigentlich hierhergekommen war und sagte: »Ich möchte die Panflöte wiederhaben und das Pony der Prinzessin sehen.« In seiner Bescheidenheit wollte Elias nichts anderes und schon gar nicht seine Träume preisgeben. Der Diener Leopold verneigte sich, nahm das Tablett und ging schweigend mit erhobenem Haupt davon und Elias fragte sich; womit habe ich den Diener nur beleidigt? Aber im prachtvollen Königspalast gab es so vieles zu bewundern, was Elias noch ausreichend beschäftigte, denn er bemerkte, alles entsprach der Wirklichkeit. Die hohen Türen waren mit barocken Formleisten geschmückt, und durch die verschiedenen Farben besonders auffällig. »Warum sind die Türen hier so bunt bemalt?«, fragte er den König.

Dem König Weißdorn war es nicht entgangen, wie interessiert sich Elias umgesehen hatte, weshalb er ihm antwortete: »Hinter diesen Türen gibt es so viel zu sehen, dass du dich in meinem Reich sogar verirren könntest«.

Elias schaute noch neugieriger die bunten Türen an, die er kaum zählen konnte, und fragte sich, hinter welcher Tür er die Prinzessin finden könnte, oder den Räuber, der ihm seine Panflöte genommen hatte?

Der König entnahm aus einer Vitrine seine Tabakpfeife, die er sorgfältig stopfte und anzündete. »Meiner Tochter fehlt es nicht an verrückten Ideen, mit denen sie mir Kummer bereitet«, beklagte er sich.

Sie hatte Elias von einem Pony erzählt, das sogar seinen Namen trug. Das konnte er aber nicht für eine ausgefallene Idee halten, denn die Prinzessin zeigte damit, dass sie

Tiere liebte. Darum fragte er den König: »Sorgen sie sich um ihre Tochter, nur weil sie ein Pony hat?«

Seine Majestät Weißdorn lächelte nachsichtig: »Meine Untertanen haben alle die gleichen Rechte, sie können hingehen, wohin sie wollen oder auch Tiere besitzen.«

»Und darf das die Prinzessin nicht?«, fragte ihn Elias.

»Das hat man nun davon, ich kann es dir nicht ersparen sie selbst zu suchen«, antwortete er ihm mit besorgter Miene.

Im großen Palast schwebte der Rauch seiner Pfeife, der nach einem edlen Tabak roch und Elias hätte gern gewusst, an wen der König diesen Brief mit einer Adlerfeder schrieb. Jedoch plötzlich vernahm Elias aus weiter Ferne das Spiel einer Panflöte. Mit großer Aufmerksamkeit lauschte er diesen sanften Tönen.

»Erlauben Sie mir Majestät, dass ich diesem Flötenspiel nachgehe?«, fragte Elias schüchtern. König Weißdorn legte die Tabakpfeife auf den Tisch: »Du darfst überall nachsehen«, antwortete ihm seine Majestät.

Vorsichtig erhob sich Elias von dem seltsamen Stuhl, der scheinbar jeden Gast begrüßte, aber jetzt nur knarrte, und ging von einer Tür zur anderen. Als er an einer rosarot bemalten Tür angekommen war, hörte er, dass dahinter musiziert wurde, und blieb aufmerksam geworden stehen. Dann hielt er sein Ohr an das Türblatt und lauschte wachsam, ein Orchester spielte eine ihm wohlbekannte Melodie und er glaubte auch darunter, eine Panflöte zu hören.

Von seiner regen Fantasie gewarnt, fragte er sich, was erwartet mich hinter diesem Eingang? Wie einst die Sirenen, den edlen Odysseus durch ihren Gesang ins Verderben locken wollten; konnte das auch so eine Falle sein. Die ihm bekannten Helden wagten dennoch manchmal viel und ohne Risiko einzugehen, konnte auch er seine Panflöte nicht wiederfinden.

EiN TANZ MiT DER PRiNZESSiN

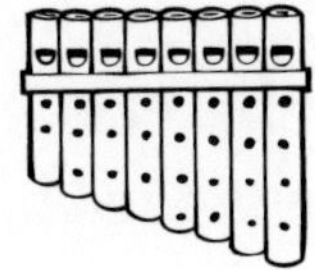

Von diesen Gedanken ermutigt, öffnete Elias dennoch vorsichtig die Tür, die etwas quietschte. Davon verunsichert, wagte er sich nicht weiter. Vor ihm entfaltete sich ein Konzertsaal, den er auf Zehenspitzen betrat, um nicht zu stören, denn ein Symphonie-Orchester spielte eine Ouvertüre.

Vorsichtig machte Elias hinter sich die Tür zu und setzte sich auf einen Sitzplatz für das Publikum. Die Musiker saßen mit ihren Instrumenten auf einer Bühne, von einem Dirigenten geleitet und spielten hervorragend. Sie musizierten ungestört weiter, als hätte keiner von ihnen seine Anwesenheit bemerkt. Unterdessen lauschte Elias aufmerksam der zauberhaften Musik. Aber dann bemerkte er, dass alle Virtuosen auch nur Marionetten waren.

Als das Orchester den letzten Ton der Ouvertüre ausklingen ließ, öffnete sich auf der Bühne der Vorhang, hinter dem eine Treppe zu sehen war, die wie eine Himmelsleiter in die Wolkenkulisse führte. Zu seiner großen Überraschung kam die Prinzessin herabgestiegen, die in ihrem blau-weißen Ballkleid fast nicht zu erkennen war. Sie tanzte mit leichten Schritten über die Bühne und durch den Saal, wobei sie sich schwebend Elias näherte. Er war inzwischen von ihrem Erscheinen so fasziniert, dass er seinen Herzschlag fühlte. Nur wenige Schritte vor Elias blieb sie stehen und verneigte sich, wobei den Falten ihres Kleides ein zarter Rosenduft entströmte. Leise sagte sie zu Elias: »Komm doch und Tanz mit mir«.

In seiner Verlegenheit dachte er daran, dass seine Haare weder geschnitten noch gekämmt waren. Wie sollten seine zerbeulten Bluejeans und das bunt-karierte Hemd zu ihrem schönen Kleid passen? Elias kam sich komisch vor. Dazu erinnerte er sich an den ersten Tanzversuch mit seiner Schwester Monika, die ihm nur wenig Talent attestierte. Was würde die Prinzessin von ihm denken, wenn sie bemerkte, wie schlecht er das konnte?

Elias fasste schließlich den letzten Mut, den er noch hatte, und erhob sich. Mit erhobenem Kopf und unsicheren Schritten ging er durch die Sitzreihen, stolperte einmal über die eigenen Füße und ging mit ihr zur Bühne. Als sie schließlich über die Treppe auf dem Parkett ankamen, gab die Prinzessin dem Dirigenten ein Handzeichen und das Orchester begann, einen Walzer zu spielen. Hierüber war Elias sehr erleichtert, denn Walzerschritte hatte er schon einmal geübt, und zu den beschwingten Klängen reichte sie Elias ihre Hände, die ihn wie von einem Zauber erfassten. Die Prinzessin tanzte mit ihm so schwungvoll und frisch, dass Elias nur darüber staunen konnte. Mit jedem weiteren Schritt, den er mit ihr tanzte, vergaß Elias seine Unbeholfenheit mit den zu langen Haaren sowie die unpassende Kleidung. Elias schwebte mit der Prinzessin in einer nie gekannten Heiterkeit, dass er sich wünschte, dieser Tanz würde endlos weitergehen. Wie alle schönen Erlebnisse, die nicht festzuhalten sind, so endete auch der Walzer mit dem letzten Ton des Orchesters. Mit viel Respekt verneigte sich Elias vor der Prinzessin, die leise in sein Ohr flüsterte: »Danke Elias«. Sie raffte ihr Kleid mit beiden Händen und so geräuschlos, wie sie gekommen war, verschwand die Prinzessin auch wieder hinter den Kulissen.

Wie aus einem herrlichen Traum erwacht, stand Elias allein auf der Bühne und konnte immer noch nicht verstehen, dass es zu Ende war. Als die Musikanten ihre Instrumente wegstellten und den Konzertsaal verließen, setzte sich auch Elias auf einen Stuhl für die Gäste zurück. Der Dirigent redete noch mit dem dicken Mann, der die Tuba spielte, die allein auf der Bühne geblieben waren. Dann kam der Dirigent von der Bühne herunter zu Elias und fragte ihn: »Hat dir unser Konzert auch gefallen?«

Elias stand auf und räusperte sich, denn er dachte zuerst, dass er sich ihm vorstellen müsse, und mit dieser Frage hatte er nicht gerechnet. Von einem Fuß auf den anderen tretend, antwortete er schließlich: »Ich heiße Elias und ihre Musik hat mir gut gefallen, nur leider hörte sie zu früh auf.«

Der Dirigent trug einen schwarzen Frack, seine Schuhe glänzten und er hielt noch den Taktstock mit Notenblättern in den Händen. Die ergrauten Haare und Stirnfalten ließen auf ein hohes Alter schließen, aber mit seinem freundlichen Gesicht weckte er Vertrauen bei Elias und er sagte zu ihm: »Der Räuber hat mir die Panflöte gestohlen.«

»Damit könntest du auch bei uns im Orchester mitspielen, wenn du die Panflöte wiederhast. »Aber wo kann ich den Räuber finden?«

»Den Räuber nennen wir John, vielleicht hat er dir nur einen Streich gespielt!«

»Es ist kein guter Streich, wenn man seine Flöte verliert.«

»Nun hör gut zu, du gehst in den Palast zurück, dort findest du ihn hinter der grünen Tür. Aber wenn du die Flöte wiederhaben willst, musst du schlauer sein als er, denn er ist sehr gerissen.« Danach bedankte sich Elias beim Dirigenten und ging in den Rittersaal zurück, wo er die besagte Tür suchte. Zu seinem Erstaunen fand er dort die Prinzessin, die am großen Tisch saß und in einem Buch las. Sie bemerkte es nicht einmal, dass Elias gekommen war, denn sie hatte sich zu sehr in die Lektüre vertieft und ließ sich durch nichts stören.

DER GOLDENE BECHER UND ZAUBERTRANK

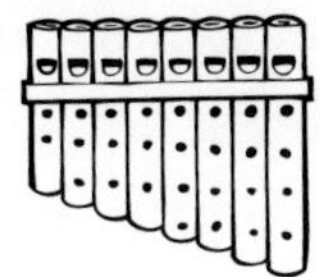

Er wollte sich an den Tisch setzen und zog vorsichtig ein Suhl hervor, der aber am Boden kratzte und die Prinzessin aufhorchen ließ.

»Entschuldige bitte«, sagte er, von seiner Ungeschicklichkeit betroffen.

»Das macht nichts!«, antwortete sie und kehrte zu ihrer Lektüre zurück.

»Darf ich dich etwas fragen?«, begann Elias schüchtern. Darauf legte die Prinzessin ihr Buch zur Seite und schaute Elias mit ihren blauen Augen fragend an.

»Wo kann ich den Räuber John finden, der mir meine Panflöte genommen hat?«, fragte er sie nun.

Die Prinzessin schien seinen Kummer zu verstehen, denn sie schauten ihn nicht mehr so spöttisch an, wie vormals im Schrank, im Gegenteil sie versuchte ihm Mut zu machen.

»Wenn dir die Panflöte so viel wert ist, musst du dich sehr bemühen, denn John ist ein gewiefter Gauner.«

Danach erhob sie sich von ihrem Platz und zeigte Elias die grüne Tür, wobei sie ihm riet; »geh hier durch das Tor aus dem Schloss hinaus auf den Marktplatz, dort wirst du ihn bald finden.« Und dann gab sie Elias einen goldenen Becher, der mit Jagdszenen verziert war, sowie ein Medizinfläschchen dazu. Darauf beschwor sie ihn: »Sag dem Räuber John, du hättest ein wertvolles Zaubermittel, das er aber nur dann bekommt, wenn er dir die Panflöte dafür gibt.«

Mit einem dankbaren Lächeln steckte Elias den goldenen Becher in die rechte- und das Fläschchen in die linke Hosentasche, wonach er zur grünen Tür gehen wollte.

Jedoch die Prinzessin stellte sich ihm in den Weg und ermahnte ihn; »du musst dir zuerst die Panflöte geben lassen, dann gibst du ihm den Becher, in den du das Zaubermittel gegossen hast.«

»Aber wie soll ich von ihm unbemerkt verschwinden?«, fragte Elias besorgt.

»Die Wirkung zeigt sich schnell, es lässt ihn einschlafen. Danach nimmst du deine Flöte und den Becher, der meinem Vater gehört und nicht verlieren darfst.«

Die Prinzessin ermahnte ihn nicht umsonst, denn Elias hatte sich das gut gemerkt, dass er nun für etwas Wertvolles verantwortlich war. Er betrachtete sie mit viel Respekt und bedankte sich bei der klugen Prinzessin, die ihn zur grünen Pforte begleitete. An der Wand neben der Tür hing ein Ahnenbild, das Porträt eines Ritters, der ihn ganz besonders grimmig anblickte. Unter diesem Bild verabschiedete er sich von ihr und sie wünschte ihm viel Glück.

Mit frischem Mut bestärkt ging Elias durch das Tor in der Burgmauer hinaus, hinter der er in der Ferne einen Marktplatz erblickte mit vielen Wegen, die auf den Platz oder zu den Häusern führten. Auf einem mit Kopfsteinen gepflasterten Weg, der den Schlosspark durchquerte, ging Elias unter hohen Bäumen, blühenden Büschen und Blumenbeeten vorbei, die dufteten und den Besuchern des Gartens Schatten spendeten, zum Markt hinunter.

Auf dem Markt gab es viele Besucher, die sich an den Marktständen aufhielten oder als Schaulustige die Neuigkeiten betrachteten. Für Elias war es schwer sich in dem Gewirr zurechtzufinden, weshalb er einfach zum nächstbesten Gemüse- und Obststand ging. Es roch nach Kohl, Salat, Kartoffeln und anderem Gemüse, sowie nach frischen Äpfeln, Birnen, Pflaumen und sogar Erdbeeren gab es zu kaufen. Als er gerade die schönen Pfirsiche anschaute, fragte ihn der Verkäufer, ob er davon haben möchte, und gab ihm einen zum Probieren. Er bedankte sich und biss in den Pfirsich, der ihm vorzüglich schmeckte und fragte ihn so nebenbei; »wo finde ich hier den Räuber John?«

»Du meinst vielleicht den alten John, ein gewiefter Geschäftsmann, der es nicht lassen kann, andere übers Ohr zu hauen?«

Darauf sagte er zu einem Mädchen, das Äpfel auf ein Regal auslegte: »Geh mal eben mit dem jungen Mann zum alten John hinüber, Lieschen!«

Sie wischte sich die Hände an ihrer Schürze ab und forderte ihn auf: »Komm mit mir Blondkopf, oder wie heißt du?«

»Mich nennt man Elias!«

Weil Lieschen etwas größer war, als er, legte sie ihren Arm über seine Schulter, und führte Elias durch die Marktreihen. Bald zeigt sie auf ein Schild über einem Marktstand, worauf zu lesen war »John & Co. Tauschhandel«, wonach sie ihn allein ließ. »Danke, Lieschen!«, rief er ihr nach, die aber schon auf dem Markt verschwunden war.

Wie Elias den Räuber überlistet

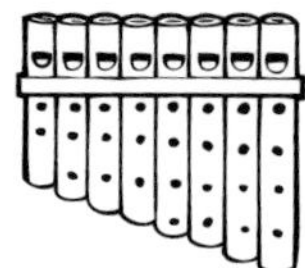

Dem Räuber John wollte Elias nicht gleich auffallen, darum beschloss er sich an den gegenüberliegenden Marktständen umzusehen und sich langsam zu nähern. Im Gedränge mit anderen Leuten schlängelte er sich bis auf einen geringen Abstand zum Marktstand des Räubers. Unbemerkt konnte er ihn sich ansehen. Es gab keine Zweifel mehr für Elias, das war John in seinen alten Klamotten, und Zylinder auf dem Kopf. Jetzt ging Elias ungeniert an seinen Marktstand, wo er gebrauchte Gegenstände feilbot. Da lagen Regenschirme, Uhren, Taschen, Geigen und Trompeten und neben einer Mundharmonika lag eine Panflöte.

Elias betrachtete besonders die Musikinstrumente und davon noch genauer die Panflöte, es war seine, die er an einer blauen Kerbe wiedererkannte. Weil er sich nun schon länger die ausgelegten Waren anschaute, wurde John auf ihn aufmerksam und frage Elias: »Was möchtest du kaufen junger Mann?«

Wonach er ihn fragte: »Was kostet die Panflöte?«

»Die Flöte ist sehr teuer, soviel Geld kannst du bestimmt nicht aufbringen«, erwiderte John.

Aber Elias ließ sich damit nicht beirren, sondern frage erneut: »Kann ich die Panflöte gegen einen wertvollen Gegenstand eintauschen?«

Der alte John kratzte seinen Bart, um etwas nachzudenken, dann fragte er ihn: »Was willst du mir für die Flöte anbieten?«

Darauf entnahm Elias den goldenen Becher aus der Hosentasche und stellte ihn auf den Verkaufstresen. Darüber erstaunt, wurden jetzt die Augen des Johns etwas größer, und er nahm den Becher in die Hände, um ihn sich genauer anzusehen. Ganz professionell prüfte er das edle Gefäß mit der Lupe, kratzte etwas mit dem Messer am Becherboden und meinte verächtlich: »Wer garantiert, dass das keine Fälschung ist? Dafür wirst du nicht viel Geld bekommen«.

»Ich möchte dafür kein Geld, sondern die Panflöte eintauschen, außerdem habe ich dir noch dazu ein Zaubermittel anzubieten«, sagte Elias und holte aus der Tasche das Medizinfläschchen, das er ihm entgegenhielt.

»Das ist ein Zaubertrank, wenn du davon trinkst, werden dir alle Wünsche erfüllt«, beschwor Elias sein Angebot; worauf er aus dem Fläschchen etwas in den goldenen Becher goss.

John & Co

Die Neugier ließ sich im Gesicht des alten John nicht mehr verbergen, und er trank unverzüglich den Becher leer.

Es dauerte nicht lange, da setzte sich der alte John auf einen Stuhl und man hörte ihn nur noch undeutlich murmeln; »ein toller Zaubertrank«, danach war er eingeschlafen.

Diesen Moment nutzte Elias und steckte seine Panflöte in die eine und den goldenen Becher in die andere Hosentasche, wonach er mit vor Freude strahlenden Augen den Marktstand des alten Räubers verließ.

Bald kam er wieder am Obst- und Gemüsestand vorbei, wo er Lieschen grüßte und bei ihr einige Pfirsiche kaufte, die ihm so gut schmeckten. Sie fragte Elias; »hast du auch etwas beim alten John gekauft?«

Diese Frage konnte er nur mit einer Gegenfrage beantworten: »Kann man etwas kaufen, das einem schon gehört?«

»Das ist ein seltsamer Handel, aber was gehörte denn dir?«, fragte ihn Lieschen, indem sie lächelnd ein Auge zukniff.

»Meine Panflöte kann nicht jeder spielen, darum habe ich sie bei ihm zurückgekauft.«

DiE BETTLERiN

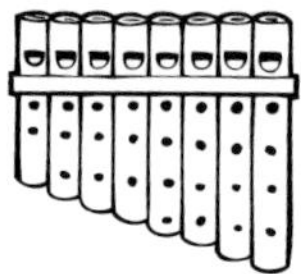

Als Elias weitergegangen war und bei der letzten Markt-reihe ankam, saß dort am Wegrand eine Bettlerin, deren alte Kleider nicht zu ihrem schönen Mädchengesicht passen wollten. In der Holzkassette vor ihr auf dem Boden lagen nur wenige Münzen, was die spärlichen Einnahmen zeigten. Es fiel ihm schwer einfach weiterzugehen, der erbärmliche Zustand des verwahrlosten Mädchens, weckte sein Mitleid. Sie hatte ein Kopftuch auf und zerlumpte Kleider an, auch ihre Schuhe waren zerschlissen.

»Warum kauft dir deine Mutter keine Schuhe?«, fragte er sie, indem er sich zu ihr neigte.

Das Mädchen lächelte schüchtern, wobei sie antwortete: »Du siehst doch, wie arm meine Eltern sind und keiner will uns helfen.«

Dass man ohne Geld keine neuen Kleider kaufen konnten, verstand Elias nur zu gut und er wollte sie nicht hilflos verlassen, deshalb setzte er sich zu ihr. Er nahm seine Panflöte aus der Tasche und begann ein Kinderlied zu spielen, das die Bettlerin auch kannte, worauf sie mit einer geübten Stimme dazu sang. Die Marktbesucher blieben stehen, sie hörten ihnen bewundernd zu, und die Kassette füllte sich bald mit vielen Münzen.

Am Abend verließen die Menschen den Marktplatz, und Elias musste sich auch von dem armen Mädchen verabschieden. Sie bedankte sich bei ihm, denn er hatte ihr mit seiner Panflöte an diesem Tag viel Geld eingebracht. Darauf fragte er das Mädchen, wohin sie nun so spät am Abend gehen werde, um die Nacht zu verbringen?

»Wir wohnen in einer Felsengruft am Stadtrand«, erzählte sie ihm.

»Ist es da nicht sehr kalt?«

»Meine Eltern haben ihr Haus verloren, weil sie nicht mehr die Miete bezahlen konnten«, erwiderte sie ihm.

»Und deshalb wohnt ihr in einer kalten Steinhöhle?«

»Wenn ich genug Geld verdient habe, gebe ich es meiner Mutter, damit wir wieder in ein warmes Haus ziehen können.«

Weil Elias ihr aus dieser Not helfen wollte, dachte er darüber nach und erinnerte sich dabei an den goldenen Becher in seiner Tasche. Aber er war auch dafür verantwortlich, den wertvollen Becher nicht zu verlieren. Was würde man im Königspalast von ihm denken, wenn er das ihm anvertraute, nicht mehr zurückbrachte?

Diese Zweifel plagten Elias einerseits, die seine Vorstellungen und innere Belastbarkeit überstiegen, jedoch seine Bereitschaft dem armen Mädchen zu helfen war noch größer als seine Skrupel. Er wollte ihr dieses wertvolle Gefäß überlassen, aber sie durfte nicht bemerken, dass es von ihm war, deshalb sagte er zur Bettlerin: »Bitte schließe deine Augen mit den Händen und zähle langsam bis einhundert.«

Damit war sie einverstanden und hielt die Hände vors Gesicht, worauf Elias den goldenen Becher in die Kassette legte und mit schnellen Schritten den Marktplatz verließ.

Auf dem Rückweg zum Königsschloss begegnete ihm nochmals Lieschen, die ihm vom Räuber John erzählte, der sich über einen kleinen Burschen beklagt hätte, der noch viel gerissener sei als er selbst. Wenn er ihn wiederfinden würde, hätte dieser eine Tracht-Prügel zu erwarten.

»Du kannst Elias zu mir sagen und dir denken, dass ich ihn überlistet habe, aber nur weil ich meine Panflöte zurückholen wollte«, erwiderte er ihr darauf. Bald trennten sich ihre Wege, weil Lieschen in einem anderen Stadtteil wohnte und Elias zum Eingangstor des Schlosses ging, wo er sich bald für seine Großherzigkeit zu verantworten hatte. Er wäre am liebsten wieder auf den Markt zurückgegangen, um niemanden im Königsschloss zu begegnen, aber er kannte nur den Rückweg durch den alten Schrank. Als Elias im Innenhof angekommen war und zur rosaroten Tür ging, hinter der ihn der König Weißdorn erwartete, überfiel ihn sein Gewissen mit den schweren Vorwürfen. Aber ein Wächter mit einem Helm in Harnisch und einer Lanze bewaffnet, öffnete ihm die Tür zum Königspalast und es gab für ihn kein Entkommen mehr.

VERURTEILUNG

Am großen Tisch im Rittersaal saß majestätisch König-Weißdorn an seinem gewohnten Platz. Als sich Elias schüchtern auf einem Stuhl niederließ, ohne den König zu grüßen, und stumm mit niedergeschlagenen Augen eine Weile am Tisch saß, fragte ihn der König: »Hast du deine Panflöte wiederbekommen Elias?

Er legte die Flöte vor sich auf den Tisch, ohne zu antworten.

Wie aus weiter Ferne hörte Elias seine Majestät fragen: »Mir ist zu Ohren gekommen, dass dir meine Tochter einen goldenen Becher ausgeliehen hat?«

Bei der Stille, die nun eintrat, hörte man in einer Ecke das Ticken einer großen Standuhr, aber die verhängnisvolle Frage konnte weder die Uhr noch die Zeit beantworten.

»Wenn du mir nicht antwortest, werden dich alle des Diebstahls verdächtigen, aber vielleicht sprichst du vor unserem Richter«, hörte Elias den König sagen, der die Glocke vom Tisch nahm und läutete.

Nachdem der Uhrzeiger weiter gerückt war, den Elias an der alten Standuhr beobachtet hatte, wurde eine Tür geöffnet und der Richter erschien, in einer roten Robe gekleidet. Er setzte sich mit seinem faltenreichen, strengen Gesicht neben König Weißdorn und legte eine Aktenmappe auf den Tisch. Die beiden Herren flüsterten miteinander so leise, dass Elias nichts verstehen konnte.

Dann verkündete der Richter: »Elias du wirst angeklagt, einen goldenen Becher veruntreut zu haben. Weil du die Fragen des Königs nicht beantwortet hast, und den besagten Becher nicht nachweisen kannst, kommst du bis zur nächsten Verhandlung in ein Gefängnis!«

IM GEFÄNGNIS

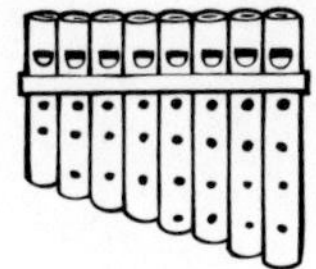

Und während der Richter den Saal verließ, kamen durch die Tür zwei Soldaten, die Elias abführten.

Der Gefängnisraum hatte nur ein kleines vergittertes Fenster, weshalb es so finster war, dass Elias kaum die Wände erkannte. Elias erhielt nur Wasser und trockenes Brot, dabei kam er sich einsam und verlassen vor.

Am nächsten Morgen wurden ihm von den Soldaten die Hände gefesselt, und sie führten ihn zurück in den Königspalast. Als er wieder vor dem König und Richter saß, fühlte sich Elias wie ein Verbrecher behandelt. Der König fragte ihn nach dem goldenen Becher und Elias antwortete: »Ich habe ihn verschenkt.«

Das Gesicht des Königs verfinstere sich, dann bedeckter er es mit den Händen und stöhnte: »Warum hast du das getan?«

Der Richter schaute in ein großes Buch und verkündete das Urteil: »Nach unseren Gesetzen hat sich Elias der Untreue schuldig gemacht, und er wird zu zwei Jahren Gefängnis verurteilt.«

Ein Soldat packte Elias an der Schulter, um ihn wieder mitzunehmen, da öffnete sich die Eingangstür und eine Bettlerin kam herein, die laut schrie: »Er ist unschuldig, den goldenen Becher hat er mir gegeben!«

Als die Soldaten sie festnehmen wollten, wehrte sich die Bettlerin so heftig, dass sie ihr dabei den alten Mantel entrissen, und sie warf das Kopftuch auf den Marmorboden. Jetzt erkannte der König seine eigene Tochter.

Die Freude über den guten Ausgang des Gerichts war Elias und der Prinzessin anzusehen. Der König lobte ihn für seine Großherzigkeit, er ließ mit allen Schlossbewohnern ein großes Fest feiern, wobei Elias mit der Prinzessin bis zum anderen Morgen tanzte.

DIEBE UND GESPENSTER

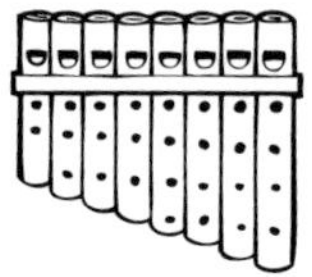

Als nach wenigen Tagen Elias wieder im Holzschuppen bei den Hausaufgaben saß und danach die Panflöte spielte, dachte er an die Prinzessin im alten Schrank. Der König hatte beim Abschied zu ihm gesagt: »Besuche uns bald wieder Elias.«

Er hätte eigentlich zum Friseur gehen müssen, um sich die langen Haare schneiden zu lassen, denn die blonden Strähnen hingen ihm schon über das Gesicht und die Ohren. Aber das Königreich der Marionetten war ihm wichtiger und die Einladung seiner Majestät Weißdorn, weshalb er die Schranktür öffnete. Doch der alte Schrank war leer, was war mit den Marionetten geschehen, wohin sind sie gegangen? An der Rückwand bemerkte Elias die Lücke in den Brettern, durch die er selbst und die Marionetten in den Palast gegangen waren. Er setzte sich auf die Tür -Kante und blies eine Melodie auf der Panflöte, um auf sich aufmerksam zu machen im Königreich. Nach einiger Zeit bewegte sich das Brett und die Lücke vergrößerte sich. Dann hörte er die Bassstimme des Königs, die rief: »Komm herein Musikant und sei unser Gast!«

Elias fürchtete sich nicht mehr, denn er wusste inzwischen, was ihn auf der anderen Schrankseite erwartete. Der König saß allein am großen Tisch im Palast und schrieb mit einer altertümlichen Feder auf ein Papierblatt. Er blickte zu Elias und hielt ihm die Hand zum Gruß entgegen, indem er sagte: »Sei gegrüßt Elias, wir haben dich schon erwartet!«

Er gab dem König seinen Füller und meinte, »versuchen sie es einmal damit.« Etwas skeptisch betrachtete er den Füller, nahm den Deckel ab und schrieb einige Wörter, wonach der König mit Erstaunen ausrief, »das ist ja eine Zauberfeder, die man nicht mehr eintauchen muss.«

Für die Prinzessin habe ich auch etwas mitgebracht, bekundete Elias, wonach sich Sorgenfalten auf des Königs Stirne zeigten. »Wir haben wieder das Gespenst in der Nacht, das uns mit seinen Streichen ärgert. Die Prinzessin sucht ihr Pferd, sie wird dir ihren Kummer schon mitteilen«, erklärte der König.

Darauf ging Elias über den Schlossplatz zum Pferdestall, wo er die Prinzessin dabei antraf, wie sie ein altes Pferd sattelte. Sie begrüßte Elias freundlich und fragte ihn, ob er sie begleiten möchte, denn ihr bestes Pferd wäre verschwunden. Der Stallknecht gab ihm ein Pony und Elias ritt neben der Prinzessin über die Wiesen in den Wald hinein, wo sie nach langem Suchen endlich den

Schimmel fanden. Auf dem Heimweg erzählte ihm die Prinzessin, dass ihr Schimmel schon dreimal in der Nacht entlaufen sei, obwohl er im Stall gut angebunden und die Stalltür verriegelt war.

»Wenn jemand in der Nacht im Pferdestall Wache halten würde, könnte der Dieb bald gefunden werden«, erklärte Elias.

»Das ist ein guter Vorschlag, aber allein fürchte ich mich«, gab ihm die Prinzessin zu verstehen.

»Dann werden wir heute Nacht gemeinsam wachen und du musst dich nicht mehr fürchten«, beschwichtigte er sie.

»Es gibt bei uns Gespenster, die in der Nacht umgehen und der Markgraf Theodor soll besonders schrecklich sein, darum musst du allein wachen«, sagte sie warnend zu ihm.

»Dann werde ich dein Pferd allein bewachen«, antwortete ihr Elias und sie ließ ihn allein im Stall zurück. In einer Ecke legte sich Elias auf einen Strohballen, wo er bald eingeschlafen war. Um Mitternacht erwachte er, das Pferd der Prinzessin stampfte mit den Hufen, aber es roch nur nach Pferdestall, worüber sich Elias nicht stören ließ. Doch dann heulte ein Windstoß am Fester, eine Gestalt in Ritterkleidern näherte sich dem Pferd und war bemüht, ihm einen Sattel anzuschnallen. Für Elias gab es kein langes Zögern, er durfte jetzt den Mut nicht verlieren, deshalb ergriff er vorsichtig die Peitsche. Und als die dunkle Gestalt das Pferd losbinden wollte, sprang Elias auf und knallte damit. In diesem Moment verschwand der dunkle Ritter, nur der Wind wehte hinter ihm durchs Fenster. Danach trat wieder Ruhe ein im Pferdestall.

DAS GESCHENKTE PONY

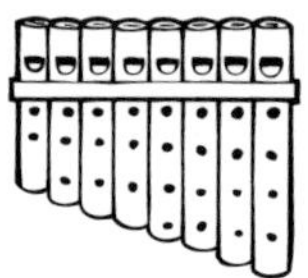

Erst am Morgen krähte ein Hahn, der Elias weckte und ihn an die gespenstische Nacht erinnerte. Die Prinzessin freute sich über ihren Schimmel und schenkte Elias, aus Dankbarkeit das Pony.

Weil er aber nicht wusste, wie er mit dem Pony durch den Schrank und in die Scheune kommen konnte, die eine andere Welt bedeuteten, ritt Elias darauf zum Markt. Der alte Räuber erstaunte so sehr, dass er seinen Zorn auf den frechen Jungen vergaß. Doch Elias fragte ihn: »Wie komme ich mit dem Pony durch den Schrank zu meinen Schwestern?« Der alte John kratzte sich seinen Bart, wobei er antwortete: »Ich kenne den Weg zu der Scheune, komm mit!«

Er stieg auf seinen Esel und ritt neben Elias zum Schloss hinauf. An der Steinmauer angekommen, stieg John vom Esel und öffnete ein altes Holztor, das in seinen Scharnieren quietschte. Aus der Dunkelheit kam kühle Luft und es roch nach Stroh und Heu. »Wenn du hindurchreitest, kommst du zur Scheune«, sagte John, stieg auf seinen Esel und galoppierte zum Markt zurück.

Der Räuber John war ein gewiefter Gauner, aber auf seine Worte konnte man vertrauen. Elias zügelte sein Pony und lenkte es durch das Tor, das sich hinter ihm wieder von allein schloss. Am Ende eines Felsentunnels sah Elias Licht und ritt tapfer darauf zu. Zu seiner Verwunderung erkannte er die Scheune wieder, er kam hinter dem alten Schrank zur Hobelbank und durch die Tür. Elias ritt weiter durch den Hof, an der Treppe vorbei zur Haustür. Nun nahm er seine Panflöte aus der Tasche und spielte die altbekannte Melodie. Seine Schwester Monika öffnete die Tür und staunend fragte sie: »Wo bist du gewesen, wir haben dich überall gesucht?«

Im Sattel sitzend erhob sich Elias und grüßte seine Schwester: »Das Pony hat mir eine Prinzessin gegeben, ich schenke es dir Monika!«

»Ist das wahr, du bist mein Bester Elias«, rief Monika begeistert, und umarmte ihn.

ÜBER DEN AUTOR

Hans-Jörg Breinlinger, geboren 1937 in Waldshut/ Tiengen am Hochrhein. Studierte in München und Düsseldorf Malerei, Grafik und Pädagogik. Arbeitet als Grafiker bei Verlagen und Agenturen in Düsseldorf und Paris. Entwicklungshelfer bei Missionsdruckerei Offset/Grafikdesign in Obervolta, Westafrika.

Zuletzt Lehrer für Kunsterziehung/Werken, Französisch AG an einer Realschule in Singen. Vorsitzender des Afrikavereins „Pont-Ouagazell" e.V.

Publikationen unter Andern über Westafrika: „Durch Savanne Busch und Wüste", „Nasara", „Ufer im Jenseits", „Eine Hütte im Weinberg" Romane.

Homepage: https://www. hansjoerg.online